변산바람꽃

서정문학대표시선 · 42

변산바람꽃

초판 1쇄 인쇄일 | 2017년 11월 20일
초판 1쇄 발행일 | 2017년 11월 27일

저 자 | 김호천
펴 낸 이 | 차영미

편 집 | 디자인그룹 여우비
펴 낸 곳 | 도서출판 서정문학

주 소 | 서울시 강동구 성안로31다길 8(천호동), 101호
전 화 | 02-720-3266 F A X | 02-6442-7202
홈페이지 | http://cafe.daum.net/seojungmunhak.com
이 메 일 | sjmh11@hanmail.net
등 록 | 2008. 3. 10 제324-2014-000060호

ISBN 978-89-94807-62-1 03810
정가 10,000원

이 도서의 국립중앙도서관 출판예정도서목록(CIP)은 서지정보유통지원시스템 홈페이지(http://seoji.nl.go.kr)와 국가자료공동목록시스템(http://www.nl.go.kr/kolisnet)에서 이용하실 수 있습니다.(CIP제어번호: CIP2017029596)

서정문학대표시선 · 42

변산바람꽃

김호천 제2시집

서정문학

시인의 말

가을.

산을 오르는 길은

끝나 가고

바람도 없는데

나뭇잎이 떨어져 구른다.

눈보라 쳐서 나무가 꺾어지기 전에

내놓아야 하겠다.

미흡하나마 제2 시집을 낸다.

'초원의 반란' 이후 2014년까지 쓴 시를 모았다.

읽으신 분들의 마음에 미풍이라도 되었으면 한다.

객줏집 낡은 의자도 정다우리

이훈식(서정문학발행인. 시인)

문학은 정서와 상상력의 예술이고 음악이나 미술과는 달리 사회성을 지닌 언어를 도구로 해서 작가의 경륜과 사유를 소재라는 대상을 가지고 창조해내는 작업이다. 그래서 문학은 철저히 자아의 세계에 대한 처절한 인식의 언어이다. 그것은 작가 자신의 우주와 사상에 대하여 생명을 불어넣고자 하는 고행의 길에서 발견되는 존재의 음성이며 시어 속에서 살아있는 영원한 진실이기도 하다. 선생님의 시들은 신비화를 배제하고 기교를 부리지 않으며 소박한 정서로 주위 사물에 대한 인식이 너와 나의 관계가 아니라 우리라는 공동체 의식으로서 담아져 있음을 본다. 삶 가운데 부딪치는 이야기들을 속으로 되새기고 또 되새긴 후에 수직적 관계가 아니라 인식하는 모든 것들을 내 안에 품은 수평적 관계로 그려내고 있다. 선생님의 시에서는 눈물에서조차 구수한 냄새가 나고 있다. 정형화된 틀이 아니라 누구나 쉽게 접근할 수 있는 구어체로서 철저한 존재에 대한 인식과 내면화시킨 언어들이 모두 살아 움직인다. 허튼 감탄사나 고백으로 포장하지 않고 토속적인가 하면 해학이 있고 삶의 애환과 깨달음이 깊은 맛을 우려내고 있음은 이젠 어느 정도 삶을 객관화시켜 볼 수 있는 연륜이 가져다준 여유가 아닌가 하는 생각이 든다. 미움도 슬픔도 그리움도 아주 적당히 삭힌 성숙한 언어들로 우리 앞에 선보일 선생님의 두 번째 시집이 그래서 더욱 기다려진다.

우리가 순리를 따라가며 채웠던 만큼 내어주는 가슴이 있을 때 멀어져 있던 기억마저 내일을 향한 통로가 되어 줄 수 있음을 배운다. 모든 대상이 소멸하고 애증의 기억마저 묻혀버릴 유한적인 세월 속에서

놓쳐 버리고 싶지 않았던 시어들 그건 선생님이 그동안 세상을 바라보던 시각이었고 시만이 유일한 자유였을 것이다. 아직도 동심 같은 마음으로 세상을 바라보시는 선생님은 천상 휴머니스트이다.

이성마저 물질로 계량되는 물질 만능이라는 풍조를 저만치 멀리 두고서 부르면 어느 때든지 대답해 줄 이웃집 아저씨 같은 어디선가 늘 지켜봐 줄 것 같은 푸근한 할아버지의 모습으로 꾸밈없는 자화상을 그려내신 선생님 한 편의 작품을 가지고 그 작품의 무게를 가늠한다는 것은 결코 쉬운 일은 아니지만 어디에 내놓아도 좋을 고고한 시향 후학들이 배우고 익힐 작품에 찬사를 보내 드립니다. 정말 수고 하셨습니다. 정말 감사합니다. 그 동안 틈틈이 써 두었던 작품이 하나로 묶여 세상에 나온다는 것에 서정식구 모두의 기쁨입니다.

늘 강건하시고 오래도록 우리 곁에 계시어 그 문향을 활짝 피어 주시길 바랍니다.

– 2017년 가을 용인에서

| 목차 |

제2부

제3부

제4부

제1부

강은 그래도 흐른다

금강의 지류인데,
노인은 비단 강이란다.
충북 옥천군 청성면 합금리.
안개 자욱한 이른 아침.
아직 잠에서 깨지 않은 듯
강물은 흐르는 듯 만 듯
산을 휘돌아 흐르고,
은빛 모래톱 길게 누워 있는
강가에 앉아
꽃 어우러져 핀 사이로
전설 같은 뻐꾸기 울음소릴 듣는다.
모두 떠난 마을.
녹슨 문설주,
흙 담 무너진 빈 집이 쓸쓸한데,
강물은 그래도 흐르고.
내 고향이 거기 있네.

꽃망울

톡
톡
꽃망울 터지는 소리에
놀란 새가
두리번거리며 눈을 굴리다
놀란 가슴 가지에 걸어 놓고
원망의 눈빛 흘리며
날아갑니다.

날개 편 꽃이 살며시
눈웃음 짓는데.

골담초

구석진 마당 가 여린 나무.
동백 그늘에 기대 어머닌
윤기 흐르는 긴 머리 가닥 잡아
노란 리본을 달아 줍니다.
금방이라도 날아갈 것 같은
손끝에서 나풀거리는 노란 나비.
사노라 못 박힌 가슴의 가시도
고무줄 칭칭 감아 머리에
매달아 줍니다.
지나는 바람이 눈독을 품자, 딸은
어머니 손끝을 살짝 찌르며 웃습니다.
꽃 보면 꺾고 싶어 안달하는 짐승은
이리 지키는 거냐고.
비수를 품었던 여인처럼.
바람이 지나다 속없이 건드네요.
날렵하게 몸을 사리는 나비.

봄맞이 마음에는
노란 불이 타는데.

너무 상큼해요

당신은
아침엔 구름으로 떠돌다
저녁이면 소나기 되어 내리네요.
후줄근히 젖고 있는 은행나무
그게 바로 저예요.
내리는 비 그냥 젖을래요.
남들은 측은히 보겠지만, 대수인가요?
옷 속으로 젖어 드는 빗물이
너무 상큼해요. 달콤해요.
젖은 채 잘래요.
당신 안고 온밤
그리움 말릴래요.

단풍

내가 네 앞에 서면
지금도 빨갛게 볼을 붉힌다.
와락 달려들어 안을
삭은 나이의 계절에도
선뜻 다가서지 못해
가벼운 미소나 흘리고 있다.
그 가벼움도 받아 줄 수 없는
하얀 몰골
너로 내가 너무 초라하구나.
가슴에 불씨로 살아있는
여인아!

눈 내리는 날은

눈 내리는 날은
철부지처럼
마냥 어디든 걷고 싶다.

두근거리며 좋아했던
소녀의 해맑은 얼굴 보고 싶고,
느티나무
큰 그늘에 안겨 보고 싶고,
세월의 발자국 뒤쫓는
중년들의 어린 시절 속에 들어
얼얼하게 눈 뭉치
얻어 맞고 싶다.

삶이 고달파 삭았어도
바람 싸늘히 휘몰아쳐도
오늘은 따뜻한 나.
눈이 내리는 날은

어디라 무한정 걷고 싶다.
나를 잊고 싶다.

동백꽃은 붉은데

봄바람이 동백꽃 송이 송이
붉게 붓끝으로 그려 눈부신 날.
오랜 세월 동거하며, 정을 나누던 감나무.
예리한 톱을 무참히 쑤셔 넣고 밑동을 베어낸다.
윤기 흐르던 날 잃어버린, 상처 남은 감나무는
부처처럼 저를 말없이 덜어 주고 있다.
쥐어짜 저 밑 오장을 토해내면서도
아픔을 내색하지 않는 나무.
몸부림이라도 치고, 소리라도 지르지,
눈물이라도 펑펑 쏟지
울 줄도 모르는 나무.
나는 아픈데, 생살을 째듯 피 터져 아픈데.
동백꽃 점점이 붉어 흐드러진 날, 나는
한 생을 살다 지친 감나무의
마지막 숨을 끊고 있다.
동백꽃이 저렇게 붉은데.
내가 가파른 산길을 오를 때
저 밑동처럼 참아낼 수만 있다면.

들

봄에 만나
비바람 불벼락 속에서도
꿋꿋했던 벗들.

이 가을 신은
노란 두건을 씌우네.

이제 모두 이별을
준비하는 시간.

떠나면 텅 빌 들
허무한 인생.

물새 알

얼룩 점박이로 몸을 감춘
살아 숨 쉬는,
단단하면서도 여린 돌.
돌무더기 보금자리 속
물새 알을 본다.
놀랄까 숨을 멈추고, 알의
맥박 소리를 듣는다.
생명이 깨어 나는 소리.
물새 알 속에 물새만 있는 것이 아니다.
흐르는 구름,
물새의 하늘이 있고,
이름 모를 들풀 우거져 푸른 곳.
마음껏 날아오르는 신비의 숲,
바람이 향기로운 강,
바다,
내일의 비상이 있다.
물새 알을 바라본다,

물새의 세계를 본다.
점박이가 아름다운
여리고도 단단한, 숨 쉬는 돌.

바다의 언어

추락과 상승을 반복하는
생명을 확장하는 바다.
파도의 치마끈을 물고 달아나는 갈매기
물이 썬 모랫벌은
거대한 물고기의 은비늘
그 은비늘에 새긴
해독이 어려운 아랍어의 밀어
작은 조개들의 그리움의 편지.
뼈 삐걱거리는 소리를 끌고 와
돌층계에 앉은 나는 바다를 응시한다
바다의 말을 듣는다.
햇빛 부숴지는 바닷가 노을 속
한 여인이 걷고 있다.
팔 걸어 외로움 달래 주고 싶다.
갈매기 무리 지어 다시 파도를 끌어 오면
침묵 속에 바다의 말이
고독한 내 안에 빛의 집을 짓는다.

거짓의 소리가 충돌하는
빛은 없는, 그런 세상과는 다른
원초적인 감촉의 언어가 속삭인다.
내 눈 속에 밀려오는 물결소리
나는 머뭇거리며 말을 건다.
너를 안고 온밤
잠들고 싶다고.

들길 걷다가

들길 가다 비 쏟아지면
뛴다고 비를 피할 수 있나.
임이 보낸 알뜰한 정만 여겨
살 속에 들게 그냥 젖을 것을
옷 젖는 것이야 맑은 날 햇볕의 몫이지
공연히 신경 세워 마음 덜어낼까
영어囹圄의 어둠에서 풀린 사람처럼
무한의 시원함을 맛보리니
길 옆 풀들이 고개 숙여 함초롬히 젖듯이
언제 한번 그런 날이 또 있을까 싶게
내리는 빗속 콧노래 흥얼거리며
죄다 젖는 상큼함, 마음에 담으면
객줏집 낡은 의자도 정다우리.

밤꽃 피는 유월이 오면

밤꽃 피는 유월이 오면,
뻐꾸기는 푸른 울음을 운다.
노란 붓으로 이냥 덧칠한 산은
출렁이는 거대한 밤꽃 파도.
알밤 익어 뚝뚝 듣는 소리
벌써 귀에 젖는데
꽃 향은 잔에 어려 취흥을 돋운다.
밤꽃 향에 달도 취했는지
구름 없는 하늘에
발걸음 유유하다.
밤꽃 피는 유월이 오면,
시 읊조려 목청 울렸던 날의
얼굴 얼굴이 그립고
정겨운 웃음소리 가슴에 환하다.
호미로 텃밭 일구는 여린 손의
건강한 그녀의 모습 삼삼한데,
온밤을 뻐꾸기는
푸른 울음을 운다.

변산바람꽃

바닷바람을 맞으며
소녀들이 옹기종기 깔깔거리고 있습니다.
부끄럼도 없이 물 오른 다리를 드러내
낙엽 사이 바위를 기대
미소를 흘리고 있습니다.
보랏빛 점점이 박힌
하얀 머플러를 날리며.
아니, 잔디 운동장에 흰 셔츠를 입은
소녀들이 도수 체조를 하고 있습니다.
지나는 바람의 호각 소리에
손을 흔들어 봄을 추어댑니다.
꺾일 줄 모르는 가냘픈 다리는
모진 바람도
돌아서 갔나 봅니다.
겨울을 떠나 개나리, 진달래보다
저만치 앞서 달리는
봄을 입은 소녀들

내 누이 머리에 꽂아
누이의 해맑은 미소를
보고 싶습니다.

비 오는 날이면

비 오는 날이면
그대 내 창가를 찾아와
후줄근히 젖은 몸
가로등 불빛 물들어
금동 부처로 서 있네요.
아무 말 없이 그저 웃네요.
창문 열어 맞자 하면
바람처럼 사라질 줄 내 알기에
마냥 바라볼 뿐 눈웃음 주며
밤 늦도록 그대 속삭임 듣네.
비 오는 날이면
먼 길 멀다 않고 찾아와서는
문 똑똑 두드려 기척을 보내
날 온 밤 뜬 눈으로 지새게 하네.

시월에

바람의 벗 코스모스,
메밀꽃 질펀히 핀
달구지 돌 깨는 소리,
송아지 울음 들렸을
들길을 걷습니다. 이 가을
소년과 소녀가 내달았을
환한 그림으로 어울렸을 들길을
오늘은 한 노인이 걷습니다.
그림이 아닙니다.
축제의 색소폰 소리가
능선을 넘어 발에 밟힙니다.
리듬을 건드려 그녀 손 잡고 싶은
코스모스, 메밀꽃 흐드러진
들길을 걸으며
마른 풀잎에 이슬 젖듯
하얀 그리움에 젖습니다.
시월에

비 내리는 밤엔

비 내리는 밤.
지붕엔 빗방울의 변주.
잠이 오지 않아 그가 젖어 오는지
모습을 그리느라 잠 못 이루는지
뒤척이다 뒤척이다 부르는 것만 같아,
빗줄기 밀어 젖히고 그를 찾아서는
그리워 그리워 하도 그리워서 왔노라
차마 문 두드려 말 못하고,
울 넘어 목 빼고 기웃거리다
발자국만 어지러이 찍어 두고
맴돌다 서성이다 돌아온다.
날 밝으면 깊은 발자국 난 줄이나 알까.
창에 비춘 그림자 안고 돌아와
자리에 누워 밤을 삭인다.
이심전심일까 아침에 문을 여니
그도 잠 못 이뤄서 빗속을
왔다 간 걸까.

집 앞에 발자국을

꾹꾹 담아 놓고 간 걸 보면.

양귀비꽃

가녀린 몸 언덕에 서서,
철 지난 털 목도리 두르고,
손 흔들고 있는 꽃.
지난 겨울, 초경初經에 흘린 피가
눈에 스며 붉은 꽃이 되었나,
소녀의 부끄러움이 수액으로 차
속살이 은은한 실루엣.

고개 숙여 돌아앉은 놈,
꽃대를 세워, 발돋움한 놈.
붉은 입술 다물고, 눈길을 보낸다.
쏟아지는 햇볕에 몸 씻는,
요염한 여인.
머리엔 마력의 왕관을 얹었다.

바람을 일으켜 내닫는 소년들로
화끈거리는 얼굴이 핏빛이다.

한 움큼 마음은 떨려,
귓불을 붉히는 꽃.

나는 바닷가 찻집에 앉아
재잘거리는 맑은 웃음을 보는데,
빨간 꽃 하나가 내게로 다가온다.
짐짓 고개 돌려 바다로 눈길 돌리는데,
웃음지으며 앞에 앉는다.
내 앞에.
"선생님, 저 민아에요."
아, 양귀비꽃이다, 아름다운 꽃.

운문사의 가을

소나무, 잣나무 가지 늘어뜨린 사잇길.
밟히는 낙엽 소리도 숨 죽인
호거산虎踞山 운문사雲門寺 서늘한 아침이 청량하다.
담쟁이 넝쿨 붉은 돌담 안
젊은 예불소리 이미 그쳤고
서양산딸나무 물들어 가을이 탄다.
무슨 비련悲戀 때문일까?
소나무는 어깨를 낮게 드리웠고
나는 새도 숨어버린 도량道場이 고요하다.
수국水菊 너머 대웅전 뒤뜰에는 '자비무적慈悲無敵' 돌 비
스님의 침묵으로 서 있는데,
비로전 창살에 나무 그림자 어른거린다.

대웅전 낮은 돌층계마저
짐 진 나무꾼처럼 힘겹게 올라서는데,
그런 나를 부처는 가늘게 뜬 눈으로 웃고 있다.
무거운 짐 하나를 덜라는 뜻일까?

청소 잘못 시켰다고 얻어맞은 귀뺨이
평생 한 소리만 듣게 한,
밭두렁에 깊이 박힌 말뚝 같은 원한이
옹이로 앉아 있는,
60여 년 보물 같은 상처.
아, 그걸 잊으라는 걸까?
용서하라는 걸까?
부처님 그래서 웃으시는 걸까?
나 늙어 가을 같은 인생이니,
이승에선 볼 수 없을 그분.
잊으면 되는 건가?
그러면 돌층계 밟는 발걸음이 가벼울까?
낙엽 한 잎 무게라도 덜면?
나는 공손히 절하고 절하고 물러나는데,
운문사의 가을 속에 내가
낙엽으로 구른다.

정情만 주고

잊혀진 세월 속에 살아온 독도
일생에 한 번은 너를 찾아 팔 벌려
가슴 안아 보고 싶었다.
뺨 비비고 싶었다.

수평선 너머 아득한 동해
인연의 끈을 끊지 못해
한恨이 돌 되어
천 년을 외로움으로 서 있는가

다시 오마 한 마디 없이
먹 갈아 치마폭에 글 남기고 떠난,
임 그리다 죽은 여인의 넋인가
서러운 눈물 내리는 비에
하염없이 온몸을 젖고 서 있다.

오랜 세월 기다림에 벼르다

거센 파도 넘어 찾아서는,
하룻밤도
한恨 맺힌 옷고름 풀어주지 못하고
기약 없이 돌아서는 발길
다시는 너를 찾을 수 없는,
내 발자국에
궂은 비는 내리고.

조개

굽어진 길 모퉁이 허름한 주점.
술잔을 사이 두고 남녀가 마주앉아
탐색의 눈이 뜨거운데,
주모가 질펀히 앉아 조개를 까고 있다.
무딘 쇠꼬챙이의 손놀림이 예사롭지 않다.
제가 까 드려요?
예? 아, 예!
쉽지 않아요. 잘못하면 물려요.
익숙지 않은 사람은
뜨거운 물에 담그면 저절로 열린다오.
아저씬 어디 가셨어요? 까 달라지.
한잔씩 걸친 남녀 조개를 사 들고 나간다.
조개 잘 익혀 까슈? 물리지 않게
예? 아, 예!
조개 맛 황홀할 밤,
펜션으로 사라지는 남녀.
길 모퉁이 눈을 주며 좋은 때라 술 생각을 한다.

이 남자는 어딜 쏘다니나?
집에 와서 조개나 까 주지.
초승달이 발을 멈추고,
하얗게 웃고 있다.

증도의 여름

신안군, 대교 건너 증도면 우전리 바닷가
서둘렀는데도 섬은 사람들로 덮였다.
바람 막아, 벌써 삼계탕 끓여 놓고,
소주병 세워 '가다 서다' 핸들을 잡고 있는 한 무리
중년들.

그늘 찾아 비집어 앉아 바라본 바다 건너
엷은 선 가로지르는 수평선이 시원하다.
가까이 머물던 섬들이 뒷걸음 치는 것이
물이 드는가 길게 우는 경계의 호루라기 소리.

수평선 바라보고 있는, 우산 속의 두 남녀.
어, 비가 오나? 고개 드니, 햇볕 쏟아지는 소리
요란하다.
금모래 뻗은 해안선, 팔월의 바다가 활활 타고 있다.
쏟아 놓은 그물의 인어들이 뛴다.
여보, 당신도 드시오. 상진이 사진도 찍어 주고.

마른 명태 정강이를 내려다 보다
허허한 눈웃음 짓는다.
바다와 노인, 어울리지 않은 풍경.
물 위로 치솟는 싱싱한 인어들만
나는 하염없이 바라보고 있다.

청도 홍시

청도군 이서면 수야리 행전 박영환 시인 댁.
감나무 우거진 길 따라 자리잡은 아담한 고택.
서재에 손때 묻은 책들이 반갑게 맞는다.
다과 상에, 늦가을 서리에 얼굴 붉힌
르느와르의 여인 같은 살진 홍시.
알뜰한 접시에 앉았다가
내미는 내 손길에 온몸을 내맡긴다.
으스러지도록 맡긴다.
나는 음미하며 그 몸을 먹는다.
바우님도 먹고, 향암님도, 낙향님도, 영희님도
모두 모두
먹고 먹고 먹는다
살 속을 파고 드는 감칠맛.
후사後嗣도 잊은 씨 없는 홍시
임을 향한 뜨거운 사랑.
나는 누구를 위해 저처럼
내 한 몸 온전히 준 적이 있던가?

부드러운 살결을 어루만지며 먹고 먹는다.
오늘 밤 너로 몽정 나면, 속 모른
아내는 빨래 널다 말고
흐뭇한 미소 짓겠지.

입춘立春

들려요?
저 소리
또박또박 걸어오는 소리.
안 들려요?
저 매화 위로
아장아장
걸어오는 소리.
내 가슴 속에
꿈틀거리며 오는
저 소리
소리.

청학동 가는 길

청학동 가는 길은
하늘로 솟아 있다.
안개는 산 위로 피어 오르고
단풍잎 사이 새어 드는 햇살조차
붉게 물든 오솔길, 가슴이 뜨겁다.
묵은 세월로 내딛는 발길 무거운데,
밟히는 낙엽소리만은 청아하다.
바위에 앉아 다리 쉼을 하는데,
바람처럼 오르는 젊은이들.
부러운 눈으로 바라보는 나를
한 잎 낙엽이 바람에 불려가며,
어서 따라 오란다.
신선이 사는 삼성궁이 저기라고.
나는 신선이 되려
낙엽 따라 무릎을 세운다.

코스모스

밝은 태양을 바라고
하늘 보며 푸른 웃음 웃고
밤이면 별빛 내리는 들에서
고대하며 기다린 날에
분홍 치마 흰 저고리 다소곳이 차려 입고
핀 꽃 머문 꽃 가슴 설레던 날에
바람도 저어하여
살며시 빗겨가는 날에
소나기 내리쳐 꽃대 눕고
머문 꽃 펴기도 전에
꽃잎 떨어져 물에 떠 간다.
초록 주단에 곱게 수 놓아
자태 보이려던 기대 무너져
태양도 하늘도 잃고
코스모스 꽃잎
떠가네 떠나가네.

제2부

B 상상想像

A B C 글자를 써주는데,
가운데 놈 B가 손짓해 눈길을 끄는데
활을 당기는, 악 다문 입, 숨차하는 노인
흥이 너무 무거워서 썰렁하고,
발로 차서 엎어 놓으니,
푸른 산, 아스라한 속에 시냇물소리,
뭇 새들 재잘거리는 소리 맑게 울려
바람결에 묻어 오는 것 같고.
별빛 내리고 달 뜬 주단綢緞 덮고
시름 잊고 싶은, 황홀한 세상일 것이지만,
가슴 울렁이는 묘미가 없다.
슬며시 또 보니, 아, 황홀하구나.
햇볕 뜨거운 여름날 바닷가 모래밭
엎드린 구릿빛 부드러운 곡선들,
곡선, 곡선, 곡선들의 합창.
물 먹은 엉덩이들의 행진.
옳거니, 아름답기도 하려니와

입술에 침 마르는 설렘이 있으니, 좋구나.
고개를 기울여 또 보니 봉화라도 피어 오를 듯
마주보는 두 구릉 사이
달콤한 계곡에 맑은 물이 흐른다.

개미

조각상으로 앉아 볼 일 보는데,
바닥을 기는 작은 개미 한 마리.
목숨을 노리는 손가락의 잔인함을 모른 채
숲에서 길을 잃고 헤매듯
돌고 돌아 제 자리로 되돌아오는 개미.
운명도 모른 채 먹이를 끌어 보나
좀처럼 당겨지지 않는다.
도움을 청하려 내닫다 다시 돌아와 끈다.
지켜보던 답답한 조각상
짓누르려던 손가락 거두고
먹이를 작게 갈라 준다.
제 몫만큼 먹이를 물고야 길 찾아가는 개미.
안 하던 짓이다.
잔인함을 습관처럼 보였던 조각상.
안의 무엇이 저 미물을 지킨 걸까.
저 개미가 나로 변신한다.
변기 물 내려가는 소리가 시원하다.

곶자왈

눈 보기 드문 제주 섬
참가시, 동백, 육박 나무 어우러진
원시림 곶자왈에 눈이 내려
은빛 세상이네.
눈 덮인 신비의 숲길
미련을 두고 떠난
무수히 수놓은 발자국들.
먹이 찾던 노루는 목을 세워
벗을 맞이하듯 억새 마른 잎 사이
부드러운 눈길 보내네.
길 걷는 마음은 너그러워져
아무나 손 잡고 싶고
낯선 이와도 팔을 끼고 싶은
곶자왈.
지친 영혼이 쉬고 싶은 곳.

고둥 껍질

붉은 바다가 해를 삼키고 나서야
어둠이 슬슬 마당 끝을 올라서더니
이내 지붕 밑으로 기어든다.
파도 소리가 바람을 몰아온다.
순찰을 돌다 듣는 딸그락거리는 소리.
설거지 소리가 참 멀리도 들린다 했다.
도둑 고양이 생선 뼈 발라내는 소리 같기도 했다.
쪽쪽, 쪽쪽.
……
잘 안 나와. 세게 빨아 봐.
이 쥐새끼. 어라, 도란도란 말도 섞네.
쫑긋이 귀를 세워 소리를 잡는다.
바닷바람이 유혹하는 걸까?
고개를 갸웃거리다 교실 문을 열려는데, 손이 말린다.
신경이 쓰이나 귀의 안테나를 내리고
별 떨어지는 소리 들으며 당직실로 온다.
순찰 때문이었을까? 도란거리는 소리 때문이었을까?

날이 샐 무렵, 충혈된 눈으로 문을 여니,
한 무더기 고둥 껍질이 수북이 쌓여 있었다.

나비 2

눈이 나비처럼 흩날리는 날
어디서 날아왔을까
거대한 나비가.
검정색 바탕에 파랑 보라색 물 든
눈이 부신 두 날개를 펴고
금방이라도 날 듯한데
벽에 붙어서는 미동도 않는다.
하늘을 잃어버려서일까
봄을 기다리기 위한
오랜 참음일까
굼벵이 땅속에서 날을 기다리듯.
날개를 퍼덕이며
나는 날은 언제일까.
어쩌면 나를 기다려 주는 것일는지 모른다.
저 나비를 타고 하늘로 오르는 날
조각 구름은 내려올까
내려와서는 나를
웃는 낯으로 맞을까

밤 배를 타고 싶다

밤 배를 타고 싶다.
바람이 훈훈한 날
달이 만삭이 되는 날
애절한 뻐꾹새 울음 피는
강물에 배 띄워
두 손 노 잡고
천천히
세게.
서늘한 리듬에 앉아
젊은 날처럼 날이 새도록
으스러지는 몸
달빛 부숴지는 물 위 밤 배를
타고 싶다.
떠내려간 날은 멀어져
생각만 머네.

동백꽃

함초롬히 내리던 비 그치더니
초파일 연등처럼 매달린 송이 송이
화선지 한 폭을 붉게 물들여 놓는다.
마당이 환하다.
꽃을 시샘하듯 때 아닌 강풍 몰아쳐
아, 꽃이 저 바람에 죄다 지는가
가슴이 조마조마하다. 잽을 피하듯
꽃송인 몸을 좌우로 날렵하게 피한다.
아니 바람을 놀리는 것일는지 모른다.
끝내 버티지 못한 꽃 한 송이가 몸을 던진다.
땅이 울리고 집이 기우는 듯.
떨어진 꽃을 손에 올려 놓는다.
마지막 가쁜 숨을 거두며 파르르 떤다.
그 떨림이 가슴에 온다.
제 명을 살지 못하고 져버린 꽃.
한 마리 나비의 애무도 스치지 못하고 혼을 놓은 꽃.
동백꽃 화려한 삶이 저렇던가

손바닥 주름진 골을 타고 꽃물이 흐른다.
아픔이 가슴에 젖는 낙화.
노을 뜨고, 해 저물어 새 깃에 드는 날
또 한 차례 바람이 불어
저 꽃잎처럼
툭 떨어지겠지. 나는

라쿰파르시타

귀들을 죽이기 위해
덧문을 닫고 안쪽 문도 닫고
커튼을 내리고
짠, 짠, 짠, 짠 (반박 쉬고) 짜짜짜 짠, 짠
경쾌한 탱고 라쿰파르시타를 분다.

리듬 타고 무대로 나오는 남녀
남자는 날 선 검은색 신사복에
머리는 포마드로 세워 불빛에 반짝여야 한다.
여인의 새빨간 실크 드레스는
육체의 곡선이 살아 출렁거리게 해야 하고,
어깨에서 배꼽 아래까지 V형으로 깊게 파져
비밀의 숲을 엿볼 기회를 주어야 한다.
중국 여인처럼 옷은 옆이 트여
우유 빛 대리석 기둥은 살아서
뱀 눈의 뭇 시선을 끌어들여야 하고,
여인은 모자를 쓰되

하이힐과 대칭을 이루도록 높게 솟아야 한다.

밀었다 당기다, 끌어안다 뿌리치고
여인의 물기둥이 다리를 휘감아 돌면
폭풍은 드디어 몰아온다.
둥, 둥, 둥 둥둥둥 북이 울린다.
뜨거운 물에 물고기가 튄다.
헝클어진 머리 사랑의 아픔이여.
감싸 안는 위로의 손길이여.

리듬은 반복되나 약간의 변화가 있는
꽃에서 꽃으로 옮아 앉는 나비의 무게
경쾌한 리듬의 라쿰파르시타.
마지막 타는 촛불 되어
막다른 골목에 갇힌 짐승처럼 나는
낡은 몸으로 클라리넷을 분다.
소리는 젊으나

등줄기엔 빛 바랜 세월이 흐른다.
나는 온 방을 휘돌며
탑을 돌듯 땅을 다지는
춤을 춘 것이다.

어항 속의 금붕어

닫혀진 하늘의 금붕어
느릿느릿 하염없이 어항을 돈다.
가련한 눈으로 보고 있으면,
돌아가다 와서는 몸을 부풀리고, 입을 민다.
숨 쉬는 것도 잊었는가 세상사를 잊은 듯.
답답한 일상의 삶이 안타까워
눈 속을 들여다 보는데,
아, 거기엔 별빛이 금싸라기로 내리는
금붕어의 하늘이 있고,
거센 파도 일렁이는
물풀이 우거져 푸른,
꿈 꾸는,
금붕어의 바다가 보인다.
금붕어는 작은 구멍으로 우주를 보고
옅은 물에서 너른 바다를 가르고 있다.
금붕어가 사는 이유다.
사는 것이 답답한 것은 물고기가 아니고,
겉만 핥는, 가련한 나다.

'만귀정晩歸亭' 난간에 서서

정자 셋이 작은 다리를 낀,
연못 가운데 세워진 세하 마을 '만귀정'.
연잎 진 못엔 꽃 그림자 사라지고,
때 절은 정자 마루는 흙먼지 두꺼운데,
벽에 걸린 현판
주인 잃은 초서체 글이 쓸쓸하다.

박 덩이 소담스레 이었을 초가는 간 곳 없고,
고층 건물 유리창엔 저녁놀만 붉다.
날 저무는 '만귀정' 추녀 끝에
구름은 멀고
새 소리 아득하다.

연꽃이 필 때면,
꽃 향기에 몸 적시며
한잔 술 기울여 목청 높이고,
부채 바람 일으켜 시를 읊고,

새 울음소리 들으며
연잎에 이슬 굴렸을 선인들.

눈 내리는 날
발길 끊어진 '만귀정' 찾아
눈발 흩날리는 정자 난간에 서서,
바람에 나뭇잎 구르는 소릴 듣는다.
세상 떠나면.
날 기억해 줄 이 있을까?

민들레 꽃

발길 돌아가는 구석진 보도블록.
온몸으로 비집고
한 세계를 연,
한 송이 노란 민들레 꽃.
잎은 햇살 머금어 꽃대를,
간들거리는 꽃대 하나를 피우려고
앉은뱅이 거친 땅을 긴다.
꽃이 피는가 했는데,
눈길 나누는가 했는데,
씨들은 어느새 바람을 손짓해
어미 품을 떠날 채비를 한다.
애틋한 마음 다가가 본 것뿐인데,
내 숨결이 너무 거칠었나
하늘로 훌 떠나는,
나의 작은 홀씨들.
홀씨 하나가 되돌아와서,
가슴에 박혀서는 깊숙이 터를 잡으면,

다시 봄 같은 날이 와
꽃이 필 때면, 나는
그를 위해 거룩한 흙이 되리라.

복사꽃 피는 오월

복사꽃 핀 마을에 들어서면
분홍빛 꽃물 옷에 젖어 내리고
사랑하는 임의 수줍음 잎마다 서려
발걸음 가벼이 날아오는 여인
꽃 사이 멀리 보이는 푸른 하늘은
흐르는 구름조차 꽃에 취했다.

벗이여,
한 잔 술 즐거움 꽃 향기 담아
억지 웃음도 웃으면서, 세상 일 한 시름
바람이 실어 가면
상처 난 아픈 마음 새 살 차 오르듯
기운 다시 살아나지 않을까

실망 말세 벗이여,
세상 일 쉽게 내 뜻대로 되든가
몽글몽글 찹쌀떡 내게 해

끼니 때우고 시 한 수 읊으면
유한한 슬픈 인생인들
사는 동안은 어이 아니 즐거울까.

도도히 흐른 강물 훌랑 벗고 뛰어들어
취한 술 깨고 또 마시고
원망스럽다 내 인생 누굴 탓하랴,
물 흐르듯 구름 떠 가듯 그리 살면
도포 자락 날리며 산길 걷던
유유한 멋이 없을까.

비자나무 숲길

비자나무 숲길을 걸으면
덩덩덩 울리는 목탁 소리가
절 안을 휘돌아 나와
숲의 가슴에 머물다가 내게로 올 때면,
나도 목탁이 되어 덩덩덩 울리는 것이다.
오랜 면벽에 속이 빈 목탁은
제가 저를 매질하며
숲을 울리고, 산을 울리는 것이다.

제 가진 것 모두 쏟아서는
큰 소리로 울면, 풍경도 따라 울어
모든 잡것이 안에서 달아난다.
숲길 걸어가며 불경 읊조려
합장하며 걷는 구원자의 아름다운 모습이
삶의 길에 비틀거리는
중생의 위안처인 것을.
목탁도 원목이 부실하면

세월이 가서 먼지 들어앉으면
제 소리를 잊는 걸까.
딱,딱,딱.
딱따구리 나무 쪼는 소리가 들린다.

쌀독에 뉘 하나요.
감 바구니에 썩은 감 하나일 것이지만,
세상 눈은 모든 것이 뉘요 썩은 감이다.
덩덩덩 목탁은 울어대지만,
하나의 뉘 '딱딱' 소리
감 하나의 '딱딱' 소리
소리가 소리를 먹는다.

빛 바래고 윤기 잃은 목탁은 던져 두고,
새 원목 갈라 천년을 변치 않고 울릴
목탁이 살아야.
비자나무 숲길 걷는 마음도
환하게 울리는.

소리가 삭다

클라리넷을 부는데 키 하나가 삐져
제 소리를 놓친다.
키 하나 새니 전체 음률이 서지 않아
곡 맛이 간다.
녹 슬고 닳아서일 것이다.

목을 축이고 놓는 커피 잔 소리
쨍쨍하던 소리가
울림이 죽어 회색이다.
예리한 날로 가슴을 그었다.
푸른 소리가 죽은 것이다.

언론이 깨진 사기 그릇이다.
자본의 녹이 끼고
정권의 고물에 눌려
헛발질만 하는
제 소리가 삭은 것이다.

강물에 고기 떼 밤 물 치는 소리
산골을 울려
고개 너머 어둠을 깨는
새벽을 일깨우는 소리
얼음 깨는 소리가 그리워

아침

아침에 일어나 창을 연다.
우뚝 솟은 전신주
건물을 가로지르는 어지러운 전선
전선에 걸려 있는 흰구름
벽돌 틈에 낀 이끼
바람에 펄럭이는 광고지
새 한 마리 날아들지 않는
어제의 그대로 권태다.
가슴에 불 지필 아무것도 없는
여정이 끝나가는 노년에게
아침은, 소쿠라지는 아침은
내게 주는 환희의 축복이다.
젊어 출렁였던 갈망에 무심히 지나쳤던 날들.
깊은 어둠에서 눈을 떠
몸을 젖혀 숨을 들이쉬고
푸른 하늘 연인의 얼굴을 본다.
담을 기어오르는 담쟁이 덩굴과

흐르는 구름에 가벼운 미소 짓는 아침은
잔잔하게 울리는 기쁨이다.
저무는 저녁을 두려워 말고
내일 아침이 내게 올까 말고
오늘의 아침을 기쁘게 맞으리라.
이슬 머금은 풀꽃처럼
노년은 새로 태어난다.
이 아침에

어머니의 유머

어려서 동생이 물었다.
나는 어디서 나왔느냐고
너는 다리 밑에서 주워 왔다.
깡통 든 거지 많던 시절
나는 '너는'의 '는' 소리에 공연히 우쭐해
목을 세워 대단한 놈 행세를 했다.
철 들어서 알았다
저나 나나 똑같이
다리 밑에 던져진 존재란 걸
가슴에 보배처럼 간직한
어머니의 유머.

여름철 뙤약볕 피해 사람들은
다리 밑으로 기어든다.
뭔가를 낚아 보려 웅덩이에 낚싯대 던지고
돗자리에 소주 나팔 분다.
아무것 보이지 않는 밤에도

다리 밑으로 기어들어
요지에 낚싯대 세워
술도 없이 취한다.

연어가 그리움 찾아가듯
사람이 다리 밑을 찾는 건
귀소본능인가 보다.
모두 다리 밑 인생
가졌다고 으스대지 말라.
못 가졌다고 기 죽지 말라.

어머니의 유머
다시 듣고 싶다.

이름 모르는 꽃처럼

둑길을 걷고 있었다.
이름 모르는 작은 꽃이 풀숲에 숨어
부끄러움을 감추고 있었다.
왜 숨어 피는지는 모른다.
꽃을 만날 때면 꽃이 꽃으로
가슴에 젖어 드는 것은
장미다 코스모스다 국화다
낯익음이 머리로 들어와 꽃의 모습을 흐리는
그런 이름을 갖지 않았기 때문이다.
이름을 모르는 꽃은 날마다
새롭게 태어나는 것이다.

나도 내 이름을 지우면
잡놈일 때 잡놈으로 보이고
사기꾼일 때 사기꾼으로 보일 것이다.
진짜가 보일 것이다.
시를 읽을 때는 이름을 지우고 읽는다.

서정주도 지우고
박목월도 지우고
유치환도 지우고.
그때 이름 모르는 꽃처럼 비로소
시가 시로 내게 다가온다.

풀도 한 생인데

비둘기 모이 쪼듯 길에 떼로 앉아
노인들이 풀을 뽑고 있다.
꽃나무 아래 발길 피해
한동안 살자는데, 매정한 날 선 호미에
뿌리째 뽑히는 풀.
풀이란 이름을 얻는 것이 잘못이었나?

보도 블록 틈 비집고 곱게 얼굴 내민 민들레
아뿔싸 다칠까 조심하며 발 놓는데,
드르륵 드르륵
보도 블록 긁는 소리. 돌아보는데,
호미 날에 무참히 꺾여 누운 민들레.
민들레 한 생이 그렇게 끝나야 하는가?

길 가운데 피어 있는 민들레,
죄 없는 풀들 또 쓰러지리니,
한 생을 다 못 살고 가는

가녀린 모습이 자꾸만
눈에 아른거린다.
내 삶도 저럴 건가?

하루가 가다

태양이 타는 한낮 운천 저수지
얼굴 붉히던 꽃들, 잎 그늘로 기어들고
연 잎이 오수를 즐기는 때.
애들은 분수에 뛰어 들고
그들의 모습을 담는 젊은 부부는
유월의 숲처럼 싱그럽다.

푸른 나무 밑 벤치에 앉아
흐르는 구름에
잃어버린 젊음을 더듬는 사람,
더위를 그으며 고개 숙인 사람,
주름 깊게 팬 얼굴이
웃음을 잃고 있다.

그늘도 지친 한때
차들이 정지 신호에
잃어버린 시간 찾아 질주하는

길가 쉼터 돌에 받혀 나는
내 삶의
푸른 잎을 죄다 갉아 먹고
무심히 하루를 보내고 있다.
잃어버린 시간을 그리며.

제3부

겨울 바다의 이미지

바람 부는 부둣가
해일처럼 밀려오는 파도.
내미는 손길은 주검처럼 싸늘한데,
바다의 가슴은 횃불로 타고 있다.
일렁이고 있다.
목청 돋워 울부짖는 겨울 바다.
바람의 탓이 아니다.
허기진 배를 달래지 못하는
울분, 소금에 절인 한숨이다.
태양도 제 빛을 잃고,
어둠 뒤로 숨는 시간이면
수평선을 끌어와
온몸으로 저항하는 바다.
밤하늘의 별이 내려오며
파도에 불이 붙는다.

대합조개

파도 소리, 갈매기 소리 버무려
물로 집을 구워내는 대합조개.
얼마나 많은 세월 몸을 태워
문양을 아로새긴 돌집을 짓나.
밑그림도, 흙손도, 대리석 지주도 없이.
이주를 위해 다듬은 나선형의 돔 지붕엔
시간의 등고선이 상형문자로 박혀 있다.
신이 무한 능력을 주지 않고서야
가장 물컹한 살이 물만으로 돌집을 지을 수가 없지.
네가 바로 신이다.
네 세계는 입찰도 하도급도 불량품도
날림도 발 들일 곳이 없을 터.
별이 수 놓아진 하늘을 주단 삼고
오늘 밤은 네 속에 들어가
탄생의 신비를 캐고 싶다.

껍질을 못 벗는 나무

발소리 죽여, 가을 햇볕 찾아 들자
칭칭 감았던 치마끈, 부끄러움 열어
살진 온몸을 주는 옥수수.
고슴도치 불러 세워 순결을 지키다가
입술에 루즈를 칠할 나이가 되어서야
밤송이는 하얀 속살 죄다 드러내어
아낌없이 알몸을 내 맡기는데.
아무리 때가 굳어 있어도
스스로 껍질을 벗지 못하는 나무가 있다.
한 겹 한 겹 뜯어 속살을 보이려면
고기 비늘 뜯듯 피를 흘려야 하는 나무,
마른 살, 불거진 뼈, 아픈 손들의
피를 먹고 사는 나무.
삼복 무더위에도 붕대로 감듯 옷 껴입어
두려움에 떨며, 숨조차 죽어
구더기가 슬어도 껍질을 벗을 수 없는 나무.
수많은 세월 풀들이 눈물에 절어서만이

마침내 속살을 드러내는
나무가 울고 있다.

날개 부러진 새

산 오르는 길 옆
날개 부러진 새를 본다.
동공을 잃은 눈에
개미들이 아우성이다.
창공을 잃어버린 새
치욕적 실추요 파멸이다.
잠과는 다른 심연에 빠져 있는 새
생명이 일탈한 주검
새는 다시 나는 일도 없을 것이다.
과거와 미래, 자신의 전부를 상실한
한 줌 부패물로 누워 있다.
나의 처연한 심정도
애처로운 표정도 느낄 줄 모르는
허공을 날았던 때만이
자유요 삶이었던 새
부끄러운 추락으로 누운
죽은 새를 본다.

새의 주검에 어른거리는
나의 모습.

너와 나

'너'의 모음 'ㅓ'가 토라져
사랑의 징표를 밖으로 내밀면
슬픈 '나'가 된다.
'너'와 '나'의 한 순간의 변모.
돌아서는 뜻은 알리 없지만
맑던 하늘은 어두운 구름 몰아오고
너에게 웃음으로 주던 파뿌리 사랑은
이내 미움과 아픔이 되어
골목은 외로운 울음이 된다.
'ㅓ'가 돌아서기 어려웠던
할아버지의 할아버지 적 유전자는
먼지 낀 고전 속에 누워 깰 줄 모르고,
족쇄 풀린 망아지들의 'ㅓ'는
쉽게 쉽게 돌아선다.
세상 무너지는 전령일까,
새로운 진화일까.

봄 여름 '너'로 푸르던 낙엽이
바람도 없는데,
겨울이 두려워서일까
이 가을, '나'로 돌아선다.
벤치에 앉은 나는
허공을 가르는 낙엽을
물끄러미 바라보고 있다.

다시 찾은 낙화암

꽃잎이 눈처럼 흩날리는 날
낙화암 백화정에 올랐는데
그 옛날의 애절한 소쩍새 울음 없고
규암 나루의 흥겨운 돛단배도
규룡 평야의 기러기 떼 아득하다.

모래 파내는 금속성에
백마강이 또 온몸을 앓고
핀 꽃들은 제 철인 양 흐드러졌는데
오가는 사람들의 발걸음 무심하다.

삼천 궁녀가 낙화처럼 몸을 던졌다는
오랜 세월 부끄러움으로 산, 아릿했던 이야기가
백제 왕의 실정을 덧칠한 점령군의 조롱인 것을,
적과 마주해 목숨 걸고 항거한
병사들의 스러져간 혼인 것을,
욕된 종이 되기를 거부한

마지막 백성들의 처절한 최후인 것을,
자랑스런 잔인한 기록으로 남아 있다.
눈멀어 살아온 세월 가련함이여.

밤 되면 이 강물에 달은 떠서 비출까
거룩한 주인을 잃어버린 부소산의 산성은
깨진 돌 틈새에 이끼만 푸른데
고란사의 풍경소리 바람에 지치고
이름 모를 산새의 울음마저 그쳤다.

떨어진 은행잎은 살아 있다

노란 은행잎이 소복이 쌓인 길.
허리 굽은 노인이 머리띠를 두르고,
은행잎을 쓸고 있다.
몽당비를 휘두르자 은행잎이 벌떼처럼 일어나
빗자루를 빼앗으려 한다.
안 뺏기려 실랑이 하는 노인의 주름진 이마에
땀이 솟는다.
길 가는 한 사나이 무참히 짓밟는다.
은행잎 두셋이 성난 몸을 일으켜 구둣발을
걷어찬다.
짓누름이 크면 반동反動도 크기 마련.
아, 떨어진 은행잎은 살아 있다.
먹구름이 낮게 내리고, 세찬 바람이 몰아칠 때는
이끼처럼 땅에 바짝 엎드려 피하기도,
싸움닭처럼 맞서서는 바람을 휘감는다.
80년대 아우성치던 노란 잎이 오늘도 살아 있다.
떨어진 어제의 잎이 오늘의 잎을 업고

엎디어 이룬 피라미드, 아름다운 기하학의 도형.
누대累代를 살아오는 은행나무가 은행나무인 것은
죽어서 살아 있는 은행잎이었다.
땅에 떨어진 은행잎은 살아 있다.

매어 사는 나무

새들을 두고
새들이 날던 하늘을 두고
명상하는 안개, 푸른 구름,
꽃들의 웃음, 별 무늬 이슬을 두고
나무는
떠나왔구나 바퀴들이 질주하는
관심이 지쳐버린 거리로.
실오라기 하나 걸치지 않던
홀가분한 몸짓을 잃어버리고
와서는 철사 줄 옭아 천형의 고통으로
숨을 헐떡이고 있구나.
매어 사는 나무
며느리 시어머니에 매어 살았고
남편은 아내에, 아내는 자식들에 매어
아픔 삭이며 산 한 생 뭐가 부러워
아픔을 사려는 나무.
흙먼지 부연 바람에 숨이 멎는

나무가 아프다.
나는 슬픈 나무가 되어
걷는다.

버리지 못한 편지

빛이 바랜, 차마 버리지 못해
시간으로 묶어 둔 편지를 꺼내 읽는다.
눌러 눌러 쓴 펜 자국이
오랜 세월 상기도 남아
아련한 그리움에 젖게 한다.
썼다가 지우고 구기고 버리고 또 구기고,
두근거려 잠 못 이뤄 쓴 편지.
그리운 이의 맑은 모습이 파랗게 살아 있다.
행여 소식 올까 기다림에
동구 밖 눈길 주고 목을 세울 때
편지요! 집배원의 다정한 소리에
가슴은 뛰었고,
받아 든 편지 선뜻 뜯지 못해
눈 감아 가슴에 안고 망설여
얼굴 붉혔던 소년.
정감을 잃은 시대, 속도로 사는 세상 끝에 서서
이제 뼈 마디 굳은, 주름진 손으로

빛 바랜 편지를 읽는다.
고이 접어 둔 그리움을 반추하며
얼굴 얼굴을 본다.

복수초

숨조차 짓눌려버린,
잔설이 얼어 덮인 언덕.
살며시 얼굴 내밀어 점박이 파문을 그리고 있다.
틈을 내 하늘을 만들고 있다.
저 깊은, 소리 멎은 어둠 속에서
무슨 낌새라도 알아차린 걸까
더디 오는 봄, 기다림에 지쳐서일까
견고한 얼음을 깨는
가녀린 복수초의 놀라운 저 힘.
돌 얼음을 녹이는 뜨거운 숨결의
저 힘.
악착같이 엎딘, 움켜잡은 얼음은
뒷걸음질하며 자리를 내주고 있지 않은가.
거대한 권력이 퇴각하고 있지 않은가.
우주를 움직이는 것은 바로 너였구나.
사는 것이 아무리 어둠이라도
안개에 묻혀 길을 잃어도 작으나 위대한
너를 내 안에 간직하고 싶다.

세월

내가 어렸을 때, 운동장의 한 소년이
연필에 침 묻혀 가며
내 몸에 자기 이름을 새겼습니다.
아팠지만 소년의 해맑은 웃음이 좋아
처녀들이 겪는 일처럼 아픔을 참았습니다.
오래오래 잊지 말라는 뜻인 줄 알았습니다.

가끔 소년은 찾아와 나무 의자에 앉아
살포시 눈웃음을 보내 주었습니다.
세찬 바람이 불어와 먼지 일어
숨이 막힐 것 같은 날에도
소년은 찾아와 친구가 되었습니다.

그러던 어느 날
소년의 모습이 보이지 않았습니다.
앓아 누운 걸까?
내가 싫어진 것은 아니겠지?

새겨진 소년의 이름을 불러 보았습니다.
자꾸만 이름을 어루만졌습니다.

몸에 새긴 소년의 이름은
그리움의 무게만큼 커 갔습니다.
아픔이 깊어 갔습니다.
흐르는 구름이 소년의 이름에 그림자 지으며
사라지고 또 사라졌습니다.
잊으려 잊으려 해도 소년의 이름은
마음 속 큰 강물로, 쓰린 상처로 흘렀습니다..
소년의 얼굴이 흘렀습니다.

소년이 앉았던 나무 의자가 썩어서 주저 앉던 어느 날
소년이 찾아왔습니다.
흰 모자를 눌러 쓰고
허리는 굽어져서는
그때처럼

내 앞에 다가와 자기 이름을 어루만지며
그가 살며시 웃음 지었습니다.

눈물이 흘렀습니다.
눈을 흘겼습니다.

수세미

수세미 서넛 심어 자라자
기어오를 줄을 얽어 달래서 손을 주었는데,
며칠 지나, 수세미는 발정한 수컷의 그것처럼
허공에 몸을 곧추세우고 있다.
푸른 하늘, 따가운 유월의 햇볕 아래 주렁주렁 달린
에메랄드의 파란 그늘.
다음날, 덩굴손 네 가닥이 바람을 탄다.
바람은 덩굴손을 잡아 착지를 도우나
꺾일 듯 흔들리는 수세미는 허공을 헤맨다
바람은 애타는 듯 자리를 뜨지 못하는데,
불안한 곡예가 호기심의 눈을 당긴다.
다시 다음날, 긴 갈고리 같은 덩굴손 하나가
묘기를 부리고 있다. 곡예사처럼 줄을 잡은 것이다.
줄이 바람에 요동을 칠 때마다
덩굴손은 생명 줄을 쥔다.
당김이 팽팽하면 오래 견디지 못한다는 것을 아는 듯,
긴장 뒤에는 이완이 있어야 한다는 것을 아는 듯,

탄력을 얻으려는 것일까
줄과 하나되기 위해서는
함께 바람을 타야 한다는 깨달음일까
고통마저 잊은 듯, 몸을 비틀어 용수철을 꼬고 있다.

목숨을 걸고 외줄을 타는 수세미.
더듬이의 저 지혜
고단함과 아픔이 서리고 배어든
오랜 시간 저 수세미의 고난은
자신을 지켜내려는, 피나는
삶의 몸부림인 것을.
수세미는 저절로 자라 열매를 거저 주는 것이 아니다.
오, 수세미의 외줄 타기

신을 씻다

장마철 곰팡이가 필까 두려워
신발장 신들이 우르르 몰려 나온다.
골목길 걷다 묻은 오물 같은
늦은 밤 지척거리다 밟았을 똥 같은
헐어진 틈새에 고단한 세월들이 까맣게 슬었다.

생선 절이듯 물 먹여
표백 세제 물에 담가 수세미로 밀어도
세월의 쓴 흔적이 지워지지 않는다
그때그때 닦아 두지 않은 나태함이
타성으로 굳어 있다.

때가 신발만일까 닦아도 닦아도
해묵어 씻기지 않을 부끄러움이
내 염통 어느 구석이나 허파쯤에
옹이로 들어 앉아
내 의식의 방문을 걸어 잠그고

오랜 세월 터줏대감 행세하고 있을지.

모과나무 껍질 벗듯 뜯어내야 한다.
내 눈에 흙이 들어가는 날까지 안 잊겠다
대못으로 박아 놓은 증오를 뽑아 내고,
포대가 터지도록 눌러 담던 허욕의 혹도 잘라야 한다.
씻은 신발 햇볕에 말리듯
나를 말려야 한다.
신을 씻는다, 손이 저리도록.

어둠 오래 가지 않으리

햇볕마저 어는 혹독한 추위가
도도히 흐르는 강물을 얼려
언제까지나 묶어 둘 수 있으리?
때 이르면 날 세웠던 성깔도 잦아지리라.

숨조차 묻어버린,
어둠 속에 풀리지 않을 듯 언 땅도
치오르는 새싹으로 갈리고
매운 바람이 거리를 휩쓸어
검은 구름이 하늘을 가려도
바람 멎고, 해는 뜨리라.

서슬 퍼런 계절에
몸을 움츠렸던 벌거벗은 나무.
가지 꺾여 상처 난 몸에도
때가 되면 움을 틔우고,
겨울 잠 속에 숨을 고르던 짐승들도
기지개 켜며 소리 울리리라.

밤 같은 세월을 살아가노라
한 끼의 아픔을 겪어야 하고
상실의 늪에 빠져
외로움에 허우적거려도
구름 걷히고 해 뜨리라.

여행 떠나는 사람처럼

흥에 겨워 다리 들고 어깨를 들썩여야 할
징 소리 꽹과리 소린데
지긋한 나이의 머리 띠 두른 부릅뜬 눈이 매섭고
힘이 들어간 손들이 하늘을 찌를 듯하다.

아파트 주민들이 일어선 것이다
혼례 식장 담을 하나 두고
아파트 앞에 장례 식장이 들어선 것
아파트 값 떨어진다는 걱정 말고도
죽음을 본다는 것 자체가
무거웠으리라.

서울 지하철 노선은
몇 번을 반복하고 나서야
익숙해지는 환승.
죽음은 그런 것 아닐까.

시간이 지난 후

요란하던 징 소리 꽹과리 소리와 함께
그들도 잠잠해졌다.
그렇게 거부해야만 했던 건
인생이 화려하기만을 바라는 마음은
아니었을까
한번은 가야 한다는 사실을 안고 살면
두 사람의 부딪힘도 잦아들고
깨우침의 장소도 될 텐데

옷의 장식물처럼 가벼이 여길 수는
오래 입어 정 든 외투처럼 입을 수는 없을까
익숙해진 지하철 바꿔 타기라고
선 하나를 건너 뛰는 일이라고

낙엽이 떨어지는 계절
푸른 숲 뒤에 숨어 있던 길이
미안한 마음 안고 다가오면
여행을 떠나는 사람처럼 즐겁게
그 길을 갈 수는 없을는지.

자작나무 숲길을 가리

젊어선 길을 걸으며
길 끝에 그려질 화원의 기대에
욕망의 굴레가 되어
길에 핀 꽃에 눈길 주는 걸 잊고
발걸음을 재촉했고.

나이 들어서는 안개에 묻혀 사라져 가는 길에
망연히 서서 걸어온 날만 돌아본다.
뒹굴던 화원,
바람 맞던 갯가,
돌 뿌리에 얻은 상처를
그리워했던 여인을.

언제부턴가 길을 걸으면서는
앞도 뒤도 제쳐 두고
다만 나를 지탱해 주는
땅만 보고 걷는다.

봄 되어 핀 길가의 개나리, 진달래,
눈처럼 흩날리는 꽃잎도
담을 기어오르는 담쟁이도
울림 없어 멀리 떠난 것들.

일어나는 생각을 버리고
내 안에 앉아 때를 기다린다.
그날
나는 자작나무 우거진 숲길을 따라
살아온 날을 안고 웃으며 가리.
인생은 길고도 짧고,
넓고도 좁은 것이었노라고.

종로 모꼬지

낙지가 바닷가에서만 기는 줄 알았더니
'종로낙지' 잡자고 한다.
세발 낙지 입에 녹는 감칠 맛을 그리워하며
두리번거리며 '종로낙지'를 찾으나, 눈에 들지 않는다.
인도에서 서성이는데, 마침 시인 바우님을 만나
가리키는 손 끝에 '종로낙지'가 입을 쩍 벌리고 있다.
입을 벌려서는 잘 삭인 한 무더기 흐뭇하게 뱉고는
물결에 휩쓸리는 인어를 포식자처럼
빨아들이는 '종로낙지'
토해내고 빨아들이고, 먹히고 뱉어내는
저 낙지 입 속에 인생 상담소라도 있는 걸까?
밀리고 밀리는 저 인파를 보라.
먹물 온천탕에 잠겨 검은 곰일 법한데,
느긋하게 등 젖혀 이 쑤시며 나오는 얼굴엔
하루의 고단함이 웃음으로 붉게 물든다.
낙지 궁으로 겁 없이 들어가서는
하루를 낙지처럼 사는 사람들.

누구는 낙지가 되어 마이크 옆에 서고,
시를 흥얼거리고.
술잔 부딪히는 맑은 소리를 낸다.
별종인 '종로낙지' 를 안주 삼아.

그날 종로 모꼬지에 우리는
낙지처럼 흥건히 흥건히 취했네.
그립다.

행운의 황금 열쇠

퇴직하면서 받았던, 아무리 궁해도
훈장처럼 간직하자 했던 열 돈의 열쇠.
아들 집, 딸 집 가던 어느 날,
담 넘어 왕창 걷어 갈 때도
동행해 난을 모면했던 행운.

세상이 술 먹듯 어지러울 때
사람들은 행운의 황금을 사는데,
나는 오늘 그 행운을
시집 발간 잔금으로 팔았다.
뻥 뚫어진 가슴 시집이 바람 막아 줄까?

내게만은 항상 길을 잃고 헤매던 행운.
나들이 때, 하루라도 마음 놓을 수 있고
밤 도둑 담 넘을 수고를 덜게 됐으니 다행일 터
무얼 지닌다는 것, 쌓아 놓는다는 것이
마음의 짐이요, 근심에 빠지는 일이라.

행운의 열쇠를 팔았다고
오는 행운이 되돌아가는 것도 아니고,
행운의 열쇠를 지녔다고
없는 행운이 저절로 찾아올까?
담 넘은 놈의 난을 피해
잔금 댄 행운만은 오래 간직하리.

죽 한 그릇

국도 옆구릴 뚫고 나와 굽어진 길 옆
플라타너스 잎 너울거리는 우람한 병동 건물.
무거운 발걸음이 문을 미는데,
운동 선수 합숙소 같은 병실에
점박이 환자복이 새우처럼 누워 있고,
더러는 돌부처처럼 묵묵히 앉아 있다.

친척들 모아 병 문안 온 듯, 한 무리가
철 침대에 묶여 손이 푸른 여인에게 다가간다.
언니 나 말순이여. 나여, 나라니까. 아이고 나도 몰라?
조카도 왔어.
낯선 곳에 내린 방랑객처럼
기억을 잊어버린 여인.
짙은 안개 속을 거닐 듯,
생기를 잃은 눈이 허공을 헤맨다.
세월의 가장자리를 걷고 있는 조카는
입을 닫고 창 너머로 눈길을 보내고

손이 묶인, 입이 비틀린 여인은
지 아 아 한다.
이 세상 언어가 아니다.
집에 가고 싶다는 뜻인가 봐요. 돌 보는 이 거든다.
나으면 가야지.
여인은 고개를 흔든다.
아 아 아.

옆 자리 노인이 죽 한 그릇을 앞에 두고
좀처럼 숟가락을 들지 못한다.
왜 죽을 안 드느냐는 말에 식으면 먹는단다.
다 식혀서 가져왔는데 왜 그래.
뭔가 가슴을 후비는 것이 있는가 보다.
어머니 죄송해요. 아들의 목소릴 듣는 걸까.
손자 손녀의 해맑은 얼굴이라도 떠오르는 걸까.
살아온 날을 반추하듯
죽만 망연히 바라보고만 있다.

죽은 식었는데.

나뭇잎이 창을 가르며 떨어진다.
창에 저녁놀 붉다.

제4부

경로당

젊은 날 빛깔 고왔을 꽃들이
점박이 주름진 얼굴, 시름을 맞대고
얽힌 설움의 실 타래를 푼다.
의사인 아들로 용돈은 푸지다, 보란 듯 어깨 펴는 이.
사는 것이 원수다, 무릎 관절을 두드리는
아흔 다섯의 배 부른 이.
할 말 잃은, 입 꾹 다물고 무릎에 얼굴 묻은
눈이 커서 슬픈 이.
있던 집 아들이 얼러 팔아 오갈 데 없는 신세,
딸들 덕에 사글셋방에 몸 붙인다는,
골 타고 흐르는 눈물 휴지 조각으로 찍어 내는
귀 먹고, 허리 굽어 거동이 황새 외다리 같은 이.
한 주일에 세 번을 피를 걸러야
모진 목숨 그나마 부지한다는, 얼굴이 백지장 같은
엿 조각 입에 오물거리는 당뇨병 든 이.
나는 그들이 엮어 펴는 인생 만물상에
설움을 안주 삼아 권하는 한잔 술을 마신다.

술이 목에 걸려 울컥 숨을 막는데,
숨을 막는데,
문득 떠오르는 어머니 얼굴
평생 홀로 사셨던.
환하게 웃고 계신다.
한잔 더 마신다. 눈물을 마신다.
그립다.
하늘 맑고 훈훈한 날은
슬픔이라도 있어야지.

고통이라는 것

벽이 불빛 말아 먹은 희미한 병실.
그는 무거운 눈꺼풀을 올리며,
짓눌린, 마른 몸을 일으킨다.
부인이 부추기는데,
'왔는가?' 한다. 그리고는 고개를 푹 숙인다.
옆 침대의 신음 소리가 어둠으로 내린다.
한동안 말을 잊고 서 있다.

누구든 고통 없이 살고, 또 가기를 바란다.
한 번쯤 병상에 누워 본 사람은 알리라,
간헐적으로 이어지는 참을 수 없는 쓰라림을.
늪에 빠져 허우적거리고 있는 친구.
눈빛이 점점 사그라지고 있다.
'저 고통을 잠재워 주소서.'

미워 손사래 쳐도
육체를 파고 드는 잔인함.

그러나, 그것은 살아있음을 확인케 하는 것이니,
고통이 사라지면 몸도 누워,
사는 동안만은 연인처럼
달래며, 사랑하며 살아야 하는가 보다.

며칠 뒤 친구는 마지막 숨을 모아
마침내 그 고통을 죽이고 갔다.
땅거미 지는 공원 벤치에 앉아
바람에 흩날리는 낙엽에
어둠 속으로 사라진 친구를 본다.

나의 하느님은 어디에

청춘을 채 채색하기도 전
교회는 죽음의 세계를 먼저 이야기했고
태산을 옮기는 믿음을,
기적을 부르는 기도를 가르쳤다

실타래처럼 생각이 얽혀 기웃거리면서도
눈 감고 기도했던 어린 나는
철 없이 부자 되기를 빌었고
아버지 병 낫게 해 달라 손을 모았고
할아버지 눈을 뜨게 해 달라 무릎을 꿇었다

어느 여름날 냇물에 빠져 허우적거릴 때
방관하는 눈들에서나
수술대에 몇 차례 오르내리다
혼을 온종일 놓아 버린 때에도
나의 하느님은 보이지 않았다.
교회는 말한다. 하느님의 응답은

인간의 방식으로 하지 않는다고.

빈 머리가 채워져 가면서
눈에 안개가 걷히면서, 나는 알았다.
징검다리 한 돌도
스스로 발을 옮겨 디디지 않으면
건널 수 없다는 것을.

내가 사는 곳은

중성자 별에서 산다면 나는 어떤 존재일까
산은 엄지 손톱 높이
파 낼 수만 있다면
한 술 흙이 일억 톤의 무게
강철 강도의 백 배로 누르는 세계
인간의 삶의 의미는
사랑의 무게는 그곳에선
천칭 저울의 어느 만큼 자리할까

망원 렌즈 속에 그림자도 없는
적막만이 아득한 세계에서
모래알 같은 작은 존재로나마
내 삶의 흔적을 남길 수 있을까

그러나, 내가 사는 곳은 지구
푸른 바다가 있고, 강이 있고
풀과 숲이 살아 숨 쉬고

다람쥐 건너 뛰며 도토리 줍는
바람이 불어 구름이 전설처럼 흐르는 곳.
새 울음소리 풀벌레 소리 요란한
꽃이 피어 벌떼 날아
꿀 따는 풍요로운 곳

더러는 교만으로 제왕처럼 굴고
배신의 아픔이 있지만,
산 무너지는 해일, 집 잃는 슬픔이 있어도
사랑이 더 강물처럼 넘쳐 흐르는 곳
어깨 비비고 살 곳은 지구
나는 그곳에 서 있다.

노송나무 무릎에 눕고 싶다

허락이 된다면 나 가는 날
어머니 무릎에 눕듯
노송나무 무릎에 눕고 싶다.
세월에 찢긴 몸
거친 발은 땅에 두고 언제나
푸른 하늘을 지향하는
눈보라, 살을 에는 바람 건너서
푸른 그늘을 드리우는 항심에 담그고 싶다.
죽어 영혼은 빛을 찾는다지만
알 수 없는 일. 외로운 혼
노송나무 무릎 베고 누워서는
행여 사람들 숲에 들면
눈물 속에 가슴 쳐 쏟는 서러운 이야기도
삭이지 못한 미움과 원망의 숨은 말도
그리움을 지우지 못한 안타까운 사연도
정다운 속삭임인 양 가슴에 안으련다.
더러는 등지기도 하지만, 나는

세상을 떠나서도 세상과 사는
내 안의 한을 삭이며 누워 있고 싶다.
노송나무 목숨 다하는 날까지.
노송의 향기들을 주워서, 오늘은
잠자는 머리맡에 두련다.

다이아몬드 별

〈25일 영국 데일리
메일에 따르면 과학자들은
온통 다이아몬드로 이뤄진 지구 5배 크기의
행성을 은하계에서 발견했다.
영국 맨체스터 대학 천문학자들을 포함해
호주와 독일, 이탈리아, 미국 등의 과학자들이
참가한 국제 팀은
지름이 6만4000㎞로 지구의 5배 크기인
행성 PSR J 1719-1438을
발견했다고 밝혔다.〉

얘, 다이아몬드 별을 발견했데.
지구의 다섯 배나 된데.
모두 가슴이 하얗게 뛰겠지?
누구는 곡괭이를 생각하고,
누구는 별들끼리 부딪혀 마당에 떨어지는
무수한 조각들을 생각하고,

또 누구는 먼저 발 디디고, 깃발을 꽂으려 할 것이고.
그런데 좀 멀어.
1초에 30만 km의 빛의 속도로 1200년 걸리는 곳이야.
하, 헛수고 했구먼. 발견하면 뭣하나? 가질 수도 없는데.
아니, 잘 됐지. 안 그러면 별로 살아남지 못할 테니까.
피의 다이나몬드도 안 되고.
부자들 곡간에 쌓이는 것보다
모든 사람들의 마음 속에 빛으로 살아
멀리서 보는, 꿈의 다이아몬드가 좋잖아.
아, 살맛 난다. 진짜 흥분 된다.
꿈 깨라.
아니야, 꿈 꿀래. 불가능을 말하지 마.
내 마음 속 아름다운 다이아몬드 별.

과학은 인류에게 큰 꿈을 찾아 주고
풍요를 안겨 주었다.
내게도 아름다운 큰 꿈이 되리라.

되찾은 소리

입술 현을 팽팽히 당기고
살살 달래어 바람을 불어 넣으니
오십 년 역류한 청춘의
'밤하늘의 트럼펫' 이 흐느낀다

4박의 긴 호흡의 슬픔과,
때론 6박의 긴 애절한 고음의
반복되는 리듬이
하늘을 가르며 새처럼 날아간다.

술 취한 듯 흥에 겨워 울어대는 트럼펫
두두두두 드럼 치듯 문 두드리는 소리.
'선생님, 며칠 전 아버님을 보낸 후라
그 가락을 더 들을 수 없어요.
눈물이 나서' 충혈된 눈이 젖어
오페라의 엑스트라처럼 서 있다.

미안하다 돌려 보냈지만
흐뭇한 미소를 띤 나.
아, 다시 찾은 젊은 날의 소리
인생도 매달리고 연습을 하면
그렇게 되찾을 수 없는 걸까.

떡갈나무가 되고 싶은데

매운 바람에 갈라진 상처
붉은 빛 피살이 돋으면서도
오월, 의연한 모습으로 꽃을 피우고,
떡을 싸던 노인의 마음 넓은 잎으로
지친 이 들여 볕을 가려 준 떡갈나무.

가을비 봄비처럼 내리는 날.
욕망으로 치오르던 숨결 고르며,
마지막 남은 한 잎마저 놓아 주고,
자욱한 안개 속으로 숨는다.
성자가 되는 시간.

어제도 있었고, 내일도 있을
'있음' 으로 의미를 주는 나무.
시간과 공간 너머
세상에 있으면서도 세상을 벗어나 있는 나무.

떡갈나무 숲에서, 나는
낡은 시간을 부둥켜 안고,
부드러운 신성의 속삭임을 들으려는데,
떡갈나무처럼 되고 싶은데,
귀를 잃은 나는
낙엽 구르는 소리만 듣는다.

며느리밑씻개

하필이면 며느리밑씻개라니
품 안의 아들 빼앗겨 심통이 나서일까요.
밭 매다 뒤 보는 며느리 닦을 것 잊은 터라
얼굴 붉혀 시어머니에게 부탁하니,
가시 많은 줄기 잎으로 가려 주네.
며느리 생각하니 시어머니 성깔
스치기만 해도 피 돋고,
벌침보다 더 아프리라.
망설이던 며느리 시어머니 가시로
밑을 잔잔한 웃음으로 닦아냅니다.

팔월의 푸른 하늘을 이고
가시 많은 줄기 끝에
며느리밑씻개 붉은 입술이
나 보란 듯이
흐드러지게 피었습니다.

익숙해질 수 없는 것

새로운 일에 이내 익숙해질 수는 없다.
서투른 손짓이 능숙한 놀림이 되려면
바늘에 찔리는, 오그라들어 쥐가 나는
아픔을 오래 겪어야 한다.
시작의 두려움을 내쫓고
시간을 차곡차곡 접으면 숙달된 장인도 된다.
그러나, 수술대에 몸을 올려 놓는 일은
능숙한 의사의 손을 닮을 수는 없다.

한 마리 새가 담에 내려 앉았다 날아오른다.
나를 찾아온 것인가
날았다 다시 앉아 두리번거린다.
그런 새를 나는 그저 누워서 바라보고 있다.
길 가다 가끔은 진창을 디딜 수도 있겠지만
바짓가랑이에 흙이 묻으면 가벼이 털어버리면 되겠지만
익숙해지지 않은 일이 내게 되풀이되고 있다.
그게 내 삶인가
그래도 늪에는 빠지지는 않을 것을.

변기에 붙은 파리

한잔 걸쳐 비틀거리는 사내
변기를 내려다 보니
게슴츠레한 눈에 파리가 희롱한다. 괘씸한 놈
사낸 바지춤을 열어
불 난 집에 호스 들이대듯
그것을 잡고 빙빙 돌려 쏘아댄다.
짜릿함을 만끽한다.
비웃듯 꼼짝 않는 파리. 어라 이 새끼
조롱 당한 사내 그걸 흔들어 흔들어 용을 써 보지만
사내는 벌써 죽어버렸다.
맥을 못 추는 물줄기.
이 자식, 좀 있다 보자. 그땐 요절을 낼 테니.
파리에 얻어맞고 돌아서는
여자 앞에 떵떵거려도
한 마리 파리도 어쩌지 못하는 사내.

청소부는 흐뭇한 표정으로

사라지는 사내를 바라보고 있다.
흐흐, 효과가 있어.
변기 속에 빠졌어도
살아 있을 거야 파리는
날개 펴고.

신호등

지나는 차들도 드문 시간
푸른 '오시오' 가 켜지기를 기다리고 섰다.

'서시오' 인데도 한 젊은이 좌우를 살피다
약삭빠르게 뛰어 건너고

지팡이 짚은 노인은 지팡이 나이를 믿었나
좌우를 보지도 않고 팔 자 걸음이다.

빈 상자 가득 실은, 손수레 할머니는
관성을 죽이지 못해 수레에 떠밀려 건너는데

초등학생 하나가 바람처럼 건너가서는
머뭇거리며 서 있는 동생인 듯, 손짓해
"빨리 와, 바보야" 채근한다.

그런데 나는 신호등이 바뀌기만 기다리고 서 있다.

허다한 사람들 인생길을 그리 살았으리라.
그러고 보면 나는 바보였던가 봐.

요지경瑤池鏡

곤륜산 위에 서왕모가 살았네.
정상 궁전엔 요지연瑤池淵이 있어
때 맞춰 핀 복사꽃이 연못을 품고 있었네.
서왕모 생일 잔칫날 남녀가 춤을 추며
술에 취해, 꽃에 취해 달궈진 몸 연못에 뛰어들었네.
물에 비춘 색색의 흐드러진 풍경이 황홀해
눈이 먼 여인들이 소원을 빌었네.
측은히 여긴 서왕모는 여인들 몸에
요지 연못을 상처처럼 파 주었네.
복숭아나무 우거져 향기 그윽한
물이 마르지 않은 샘을 주었네.
목이 마른, 길 가는 초동들이 마구 퍼 마셔
그 물에 혼을 놓고 취했네.

어둠이 내린 밤 술집 같지도 않은 은밀한 곳에서
눈먼 연못들이 복사꽃 웃음을 띠고 나오네.
마음을 달구는 건 사치,

넥타이 사내들이 틈도 없이
연못으로 뛰어 드네.
허우적거리네. 눈이 머네.
미운 여인을 사귀라지만,
눈은 그러지 않네.
한자리 술 값이 일천 만원 이천 만원.
억, 억, 억 하는 떡값의 돈 다발을
섬으로 지고 뛰어드네.
복사꽃 향기도 마른 선도복숭아 먹고
저 혼자 골아 떨어지는 사내들.
세상 참 요지경*瑤池鏡이다.

* 경鏡은 '거울' 이라는 뜻 외에 '연못' 이라는 뜻도 있습니다.

일흔 네 계단 올라 부는 클라리넷

바람이 길 위로
낙엽을 몰아가는 날
망설이던 클라리넷
1960년 산 노르망디를 들였다.
파란 녹이 낀 함 뚜껑을 여니
미라처럼 누워 있는 그녀.
골프 채를 잔뜩 짊어졌다.
끊어진 몸을 이어 혼을 불어 넣어
설레며 가벼이 손을 잡아 본다.
입을 맞춰 본다.
낯선 땅, 낯선 사람을 만난 그니
선뜻 마음 주기 어려웠을 터,
좀처럼 목청 돋워 노래하지 않는다.
몇 날 며칠을 어르고 달래니
서먹한 마음이 풀린 듯
나직이 외로움을 달래 준다.
마음에 흐르는 감미로운 목소리.

가파른 일흔 네 계단에 올라서
쉰 살의 그녀를 맞아
벅찬 삶을 시작한다는 것은
두렵고 힘이 부친 일이나
새로운 즐거움이 있는 삶이니.

잠긴 문을랑

바람은 지나다가
잠긴 문을랑 애써 열려고 않는다.
문 안쪽의 무늬 놓은
그림의 세계를 잃어버린다는 걸 알기에.

그녀도 바람에게 잘 가꾼
정원 문을 허락하지 않는다.
문을 열어 주는 순간 바람은
이내 시들해져 더는 처음의 신선함으로
찾지 않는다는 걸 알기에.

달에 발자국을 박아 놓으면서
계수나무도 옥토끼도
달을 노래하던 어린이의 얘기도.
계곡의 물소리 청량한 초가 삼 간도
사라졌다.

바람도 그녀도
더는 이어질 수 없는 삶의 나중까지
낯선 모습으로
은결로 아픔의 고치를 지으며
꿈꾸며 노래하리라.

청곡 씨의 하루

휴대폰 종소리가 울리고서도 한참 후
반투명체가 된 눈으로,
어둠을 몰아내기 위해 커튼을 올린다.
배설의 쾌감을 만끽하고 나면,
청곡 씨는 벌여 놓을 것도 없는 하루의 문을 연다.
주차장 셔터를 올리고,
거리에 버려진 담배의 주검을 줍고,
젖소가 벗어 놓은 흔적을 주우며 중얼거린다.
담배라도 물고 철학자의 흉을 낼 만하지만,
안 배웠으니 그냥 책상에 앉아 한동안
그녀를 떠올려보고, 그리움에 잠긴다.
"나가요!" 아내의 말이 귓전을 울리면 그제야 혼을 세워
설거지를 하고, 청소기 들고 온 방을 돌고 돌고 돈다.
칠판에 분필로 휘갈기던 늠름했던 손이
남해도 아닌 설거지 통에서, 살이 발라진
뼈만 남은 숟가락을 잡아 올린다.
결리는 옆구리가 나태한 의식을 일깨운다.
간헐적으로 찾는 통증. 아, 그 놈의 병원.

그러나, 청곡 씨는 말미를 주기로 한다.
스탠드에 악보를 펴고,
며칠째 가두어 두었던 나팔을 깨워
오장을 뒤틀어서 소리를 뽑는다. '서~머타임' .
그도 싫증 나면 피아노를 두들긴다. '엘리자를 위하여' .
그리곤 바이올린을 긁는다. 노를 젓듯이.
이웃이 시끄럽다 한 소리 할 듯한데,
늙은이 봐 주는 거라 생각한다.
'저 집은 애들이 셋이나 있나?' 말할 것 같은
애들은 타향에 있고, 고요만이 살아 있다.
전화가 오면 휴대폰으로 오는 것만 받는다.
일반 전화는 늘 아내한테 오는 것,
받는다 해도 전할 수 없으니, 아예 안 받는다.
이제 컴퓨터 문을 열어 이 집 저 집 문을 기웃거리며,
시 사냥을 한다. 생태계가 파괴 된 때문일까
사냥감이 눈에 띄지 않는다.
헤집고 헤집어서 어쩌다 꿩은 아닌, 산비둘기라도 잡으면
굶주린 사자 토끼라도 얻은 기분이다.

시간의 모래에 씀벅거리는 눈이 잠을 몰고 오면
고개 숙여 말뚝잠을 자다가 소스라쳐 깨기도 하고,
아, 병원에 가야 하는데. 비뇨기과, 통증 크리닉.
하다가 멍하니 허공에 시선을 잊는다.
경로당 회장 되었으니, 순찰도 해야 한다.
바람을 쐰다. 오늘은 비가 추적추적 내린다.
지붕에 빗방울 떨어지는 소리에 봄이 오나 보다.
얼마 전까지도 앞에서 끌고 뒤에서 밀어주던
파지 줍던 다정한 노인 부부의 모습,
나이가 비슷했던 한 노인이 안 보인다.
혼자서 수레에 빈 상자 올리는 쓸쓸한 노인.
청곡 씨는 남은 시간을 생각한다.
비가 내리고, 어둠이 빨리 찾아 오는 날은
해도 갈 길이 바쁜가 하루가 금방이다.
별이 뜬 밤에는 검은 숲을 헤치고
연못에 뛰어들어 즐겼던 젊은 날이 있었는데.
그립다. 그립다. 너무 그립다.

그저 그런 싱거운 하루를 청곡 씨는
셔터를 내리면서 닫는다.
아차, 병원에 가야 하는데, 생각을 하며.

트럼펫

시카고로 이민 간 큰동서 트럼펫을 보냈다.
강아지 어루만지듯 상자를 열어
피스톤에 기름을 칠하고 손 떼를 닦아 내
마우스피스를 꽂고 불어 본다
푸후, 푸

입술에 침을 바르고 힘을 주어
바람을 넣어 안간힘을 써도 울림이 없다.
입술 가죽은 말라
오십여 년의 세월에 소리를 잃어버렸다.

나팔 바지 발끝으로 차며
우승한 선수들 앞세워
온 시가지를 행진했던 학창 시절.
그때의 트럼펫소리는 하늘을 갈랐지.
구경꾼 목 빼고 바라보는 시선 사이로
의기양양 불어댔지.

벼르다 나오는 소리는 돼지 멱 따는 소리
이웃 걱정에 약음기 박고 불기 수십 분.
기억에서 사라졌던 젊은 날의 소리가
부스스 잠 깨어 일어난다.

큰동서는 팔십 가까운 나이니
훗날을 어찌 기약할 수 있을까마는
언젠가 다시 오면 꼭
밤 하늘에 '서머타임'을 불러 달랬다.
그날 그를 위해
멋지게 불어 줄 수 있을는지.

집을 짓다

오늘도 클라리넷을 분다.
관객도 없는 빈 방
가쁜 숨을 불어넣어
물레를 저어 소리를 잣는다.
직선으로 벽에 부딪쳐 귀청을 찢던 소리가
아내의 이마에 주름 주던 소리가
안개가 능선을 넘듯 곡선으로 출렁인다.
외로운 아낙의 울음소리 바람 타고
댓잎을 스치기도 하고
시름에 겨운 노인의 한숨이
구름으로 수 놓는다.
슬픈 가락 즐거운 가락 엮어
베틀에 앉아 북 넣어 베 짜듯
나만의 집을 짓는다.
까치가 집을 짓듯,
조개가 껍질을 굳히듯
비단실 뽑아 궁전을 짓는다.

나는 나의 외로운 우주 속
노을에 등 기대고 서서
클라리넷을 분다. 오늘도

성이 무너지는 날은

옛 성터를 돌아
할아버지의 할아버지의 등짐을 생각한다.
도구가 미약했던 시절
빛나는 돌을
작은 돌들이 떠받치고 있다. 아니
큰 돌이 작은 돌을 짓누르고 있다.
오랜 세월 얼마나 아팠을까.
성 안의 깊은 잠을 위해
작은 돌은 큰 돌을 지탱했을 터.
작은 저들만으로는 성을 이룰 수 없어
큰 돌에 의지하지만
작은 돌이 힘이 부쳐 망가지는 날은
성이 무너지는 날
작은 돌에 떠받친 큰 돌
큰 돌에 짓눌린 작은 돌
옛 성터를 돌아
할아버지의 할아버지의 등짐을 생각한다.

마음이 시든 날은

아우야, 마음이 시든 날은
고개 너머 고향에 가자. 가서
예 살던 자취 사라졌으면
이방인처럼 지신 밟듯 둘러라도 보고,
촐랑거리는 물소리 귀에 아련한
줄달음쳐갔던 시내 찾아 손이라도 적셔보자.
벗들 더러는 벌써
신 벗어 두고 떠났겠지만
막걸리 한잔에 상 두들기던
장단소리는 남아 있을지 몰라.
아우야, 어깨가 무거운 날은
장성령 너릿재 너머 고향에 가자.
홍두깨에 비단 말아 두드리던
어머니의 방망이 소리가
살아 있을지 몰라.
올 한 해도 시간을 말아 한 뼘인데
나뭇잎 바람에 흩날려 가네.

바람아 불어라

신기루 모하비거나
아틀라스를 넘은
사하라의 바람일는지 모른다.
열대의 불을 안고 오거나
모래의 숨을 머금고 달려와서는
분을 삭이지 못해
둑을 무너뜨리고 산을 밀쳐낸다.
그러는 바람도 숲을 지날 때,
여린 코스모스의 살을 넘을 때는
상처 줄까 숨 멈추고, 발소리를 죽인다.
앞가슴 여는 여인과
괭이 든 농부 이마에만은 너그러워진다.

바람은 나그네처럼 쉬어 보려 하나
아무도 그에게 거처를 보시하지 않는다.
문을 두드리면 더욱 꼭 닫힌다.
바람 역시

오늘은 어디서 머물까
뉘 집에서 밤을 지샐까 뭘 먹을까
잡념을 접고
유혹의 고운 눈썹에도 머물지 않는다.
한 곳에 집착해 머무는 순간
자신의 모든 것을 잃는다는 걸 알기에
굴렁쇠처럼 굴러야 한다. 마구 굴러야 한다.
숙명의 떠돌이.

바람, 사람
'람' 자 돌림의 형제인 듯
바람의 마음은 매이지 않는데
사람은 자본의 둑에 막혀
경제의 신에 허리를 꺾고 머리를 조아린다.
아스팔트 터진 틈의 비집은 풀을
빛나는 발로 으깬다.

불어라 바람
저 아마존까지 불어라.
너를 애타게 기다리는 친구들을 위해
연인을 위해
시름을 날리기 위해
바람아 불어라.